I0701639

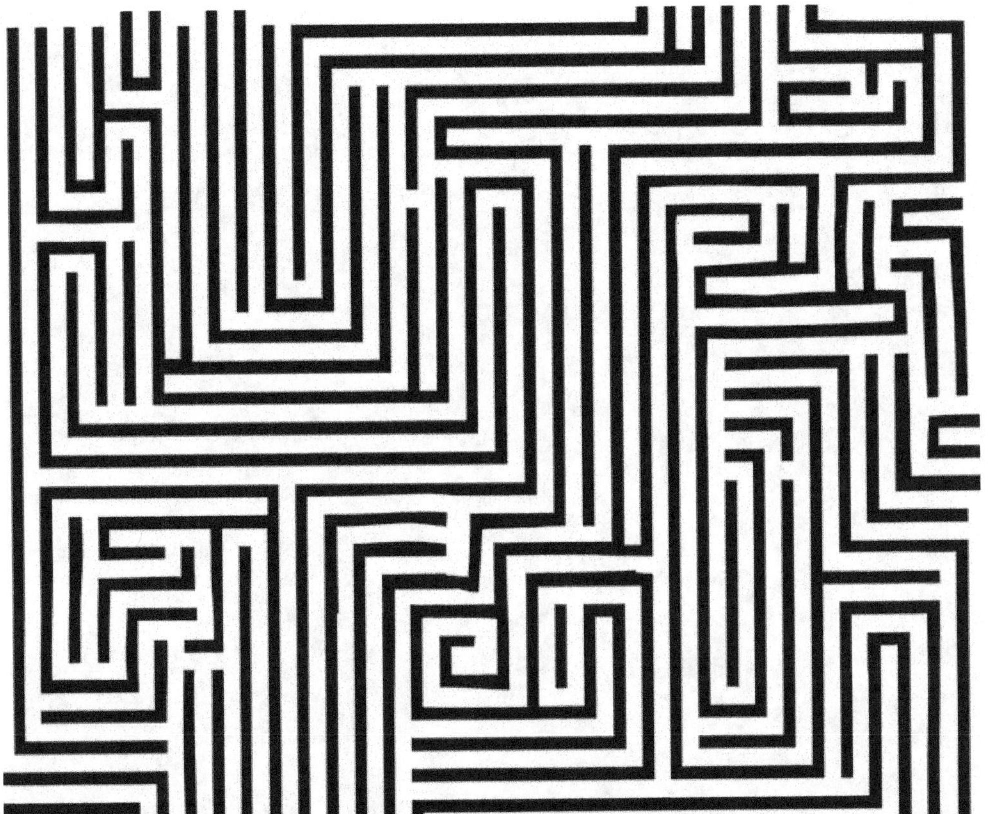

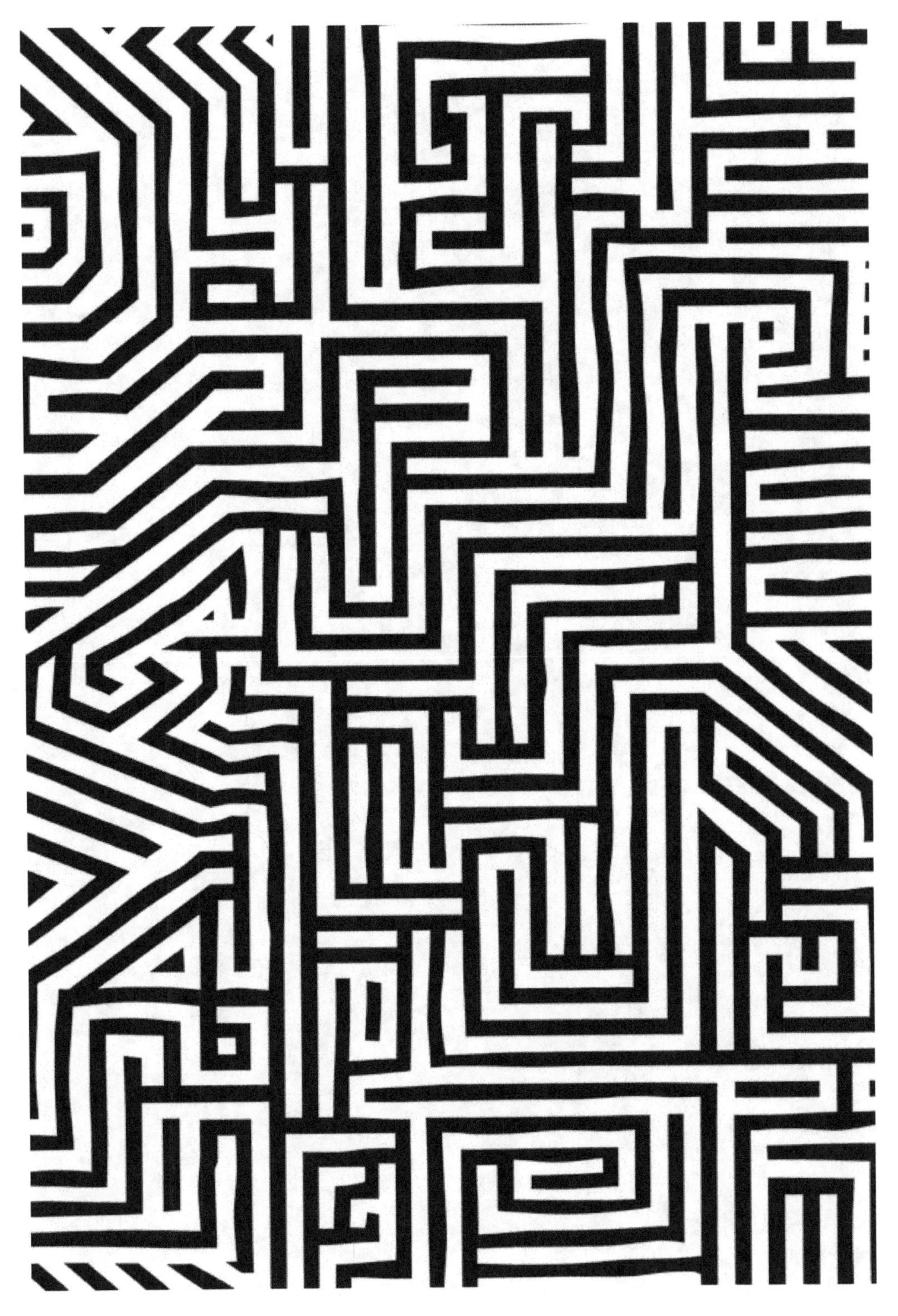

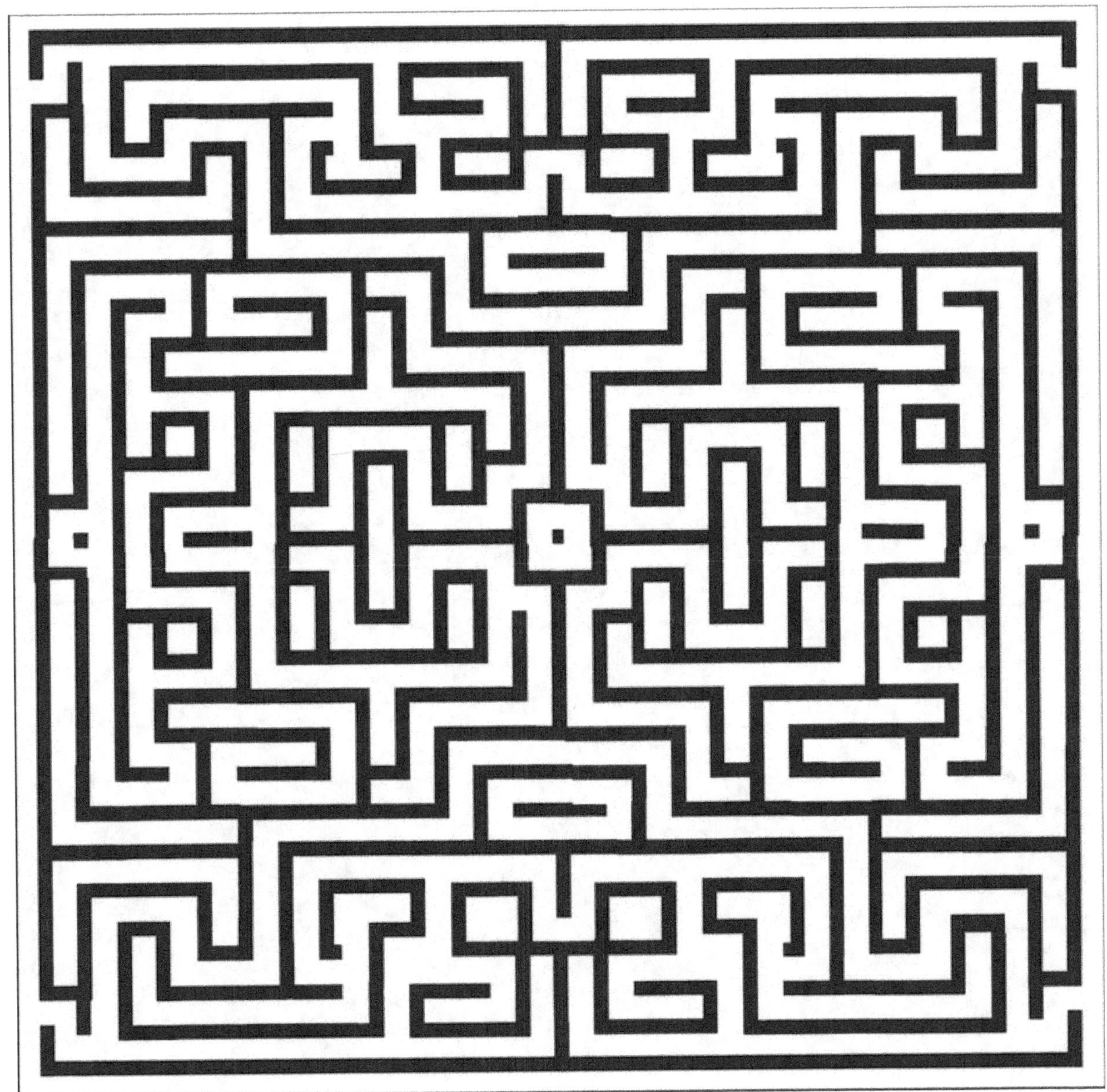

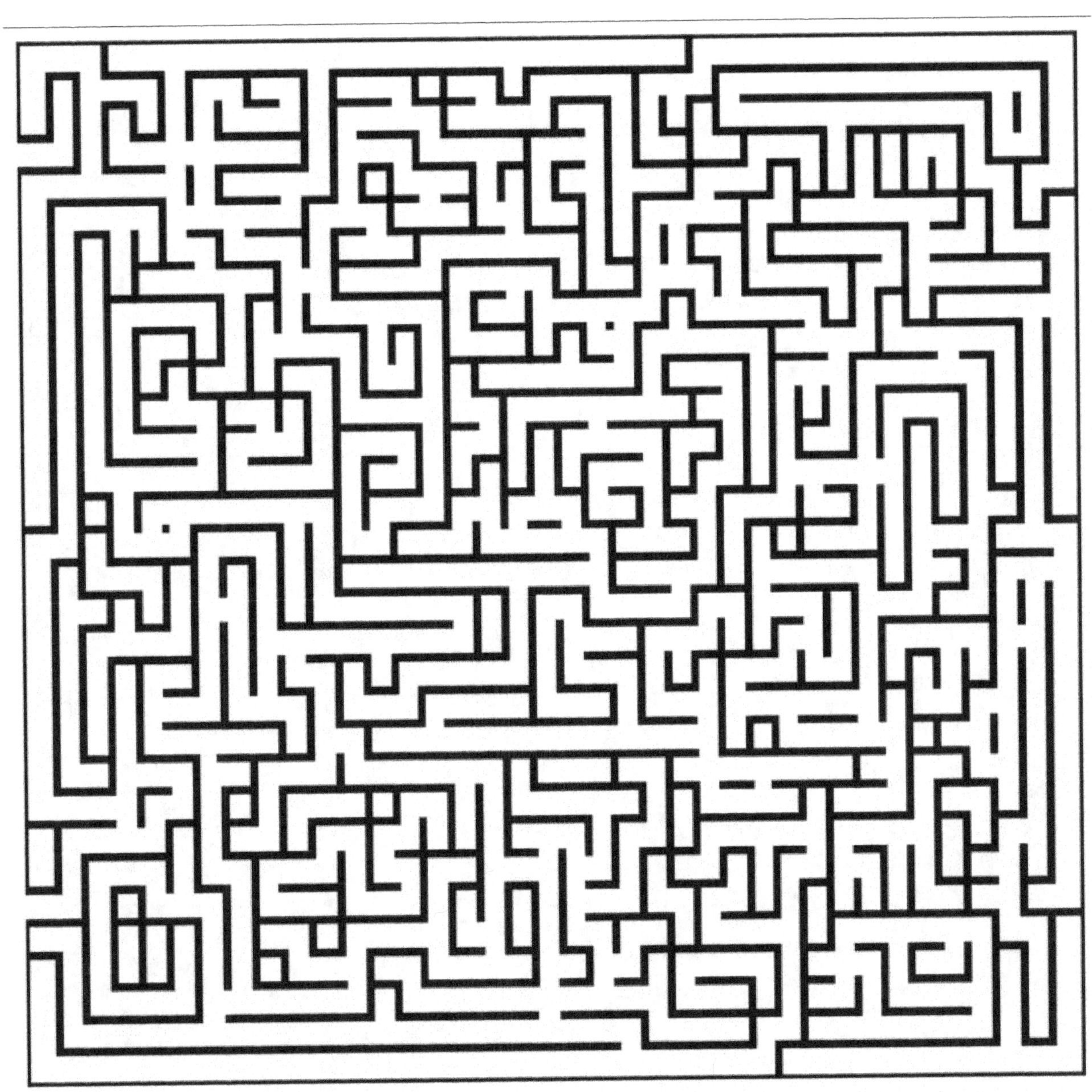

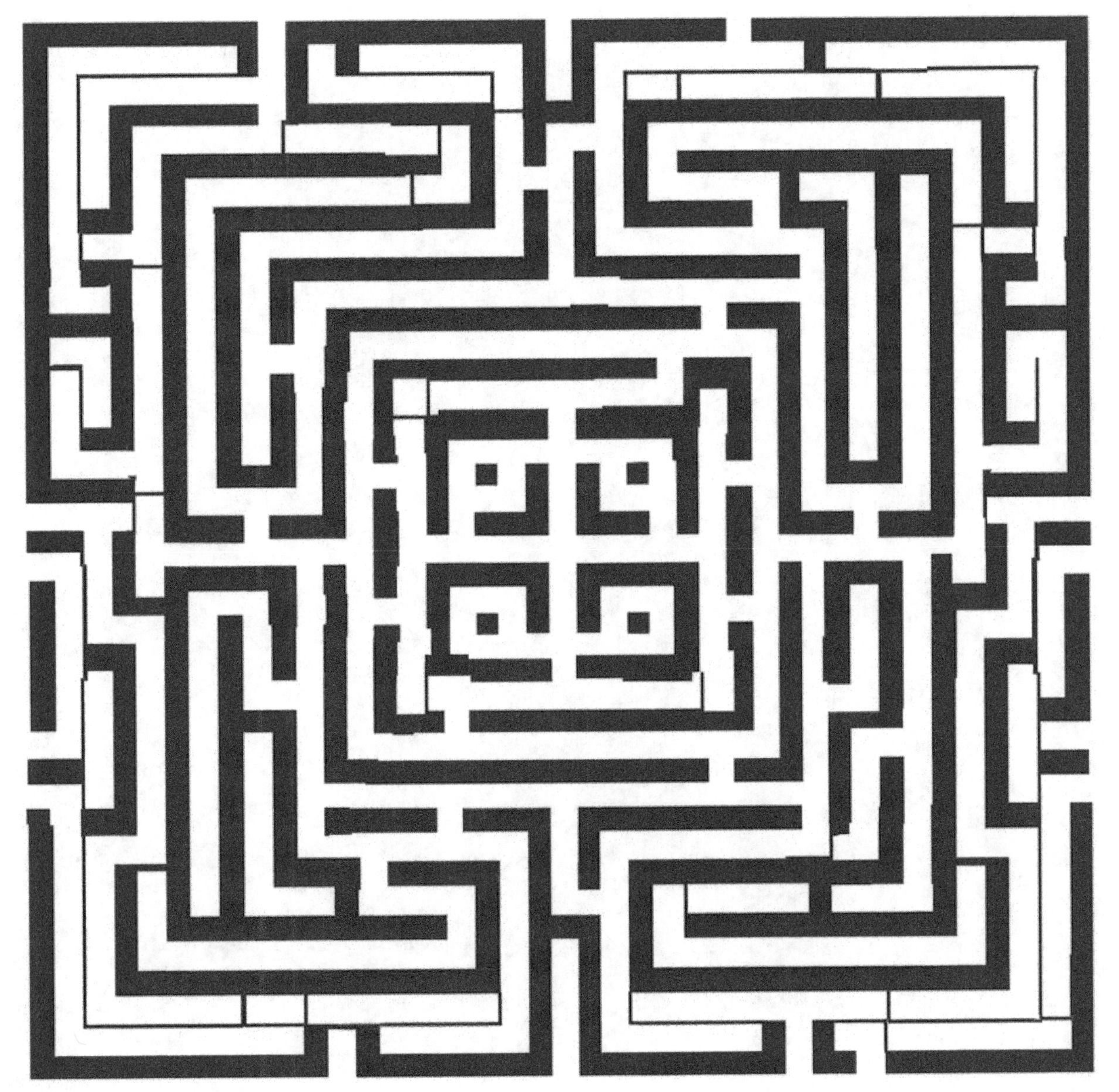

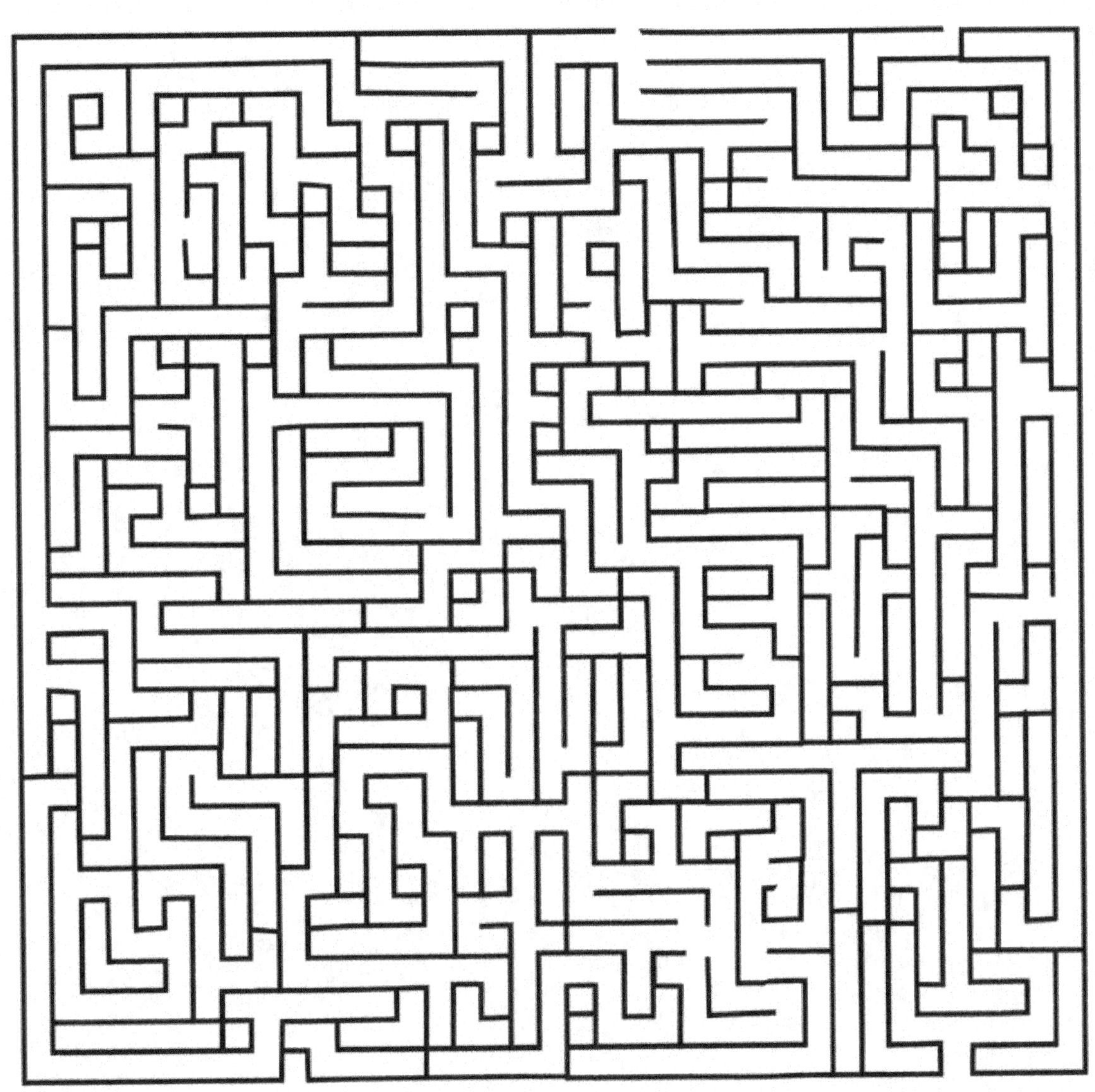

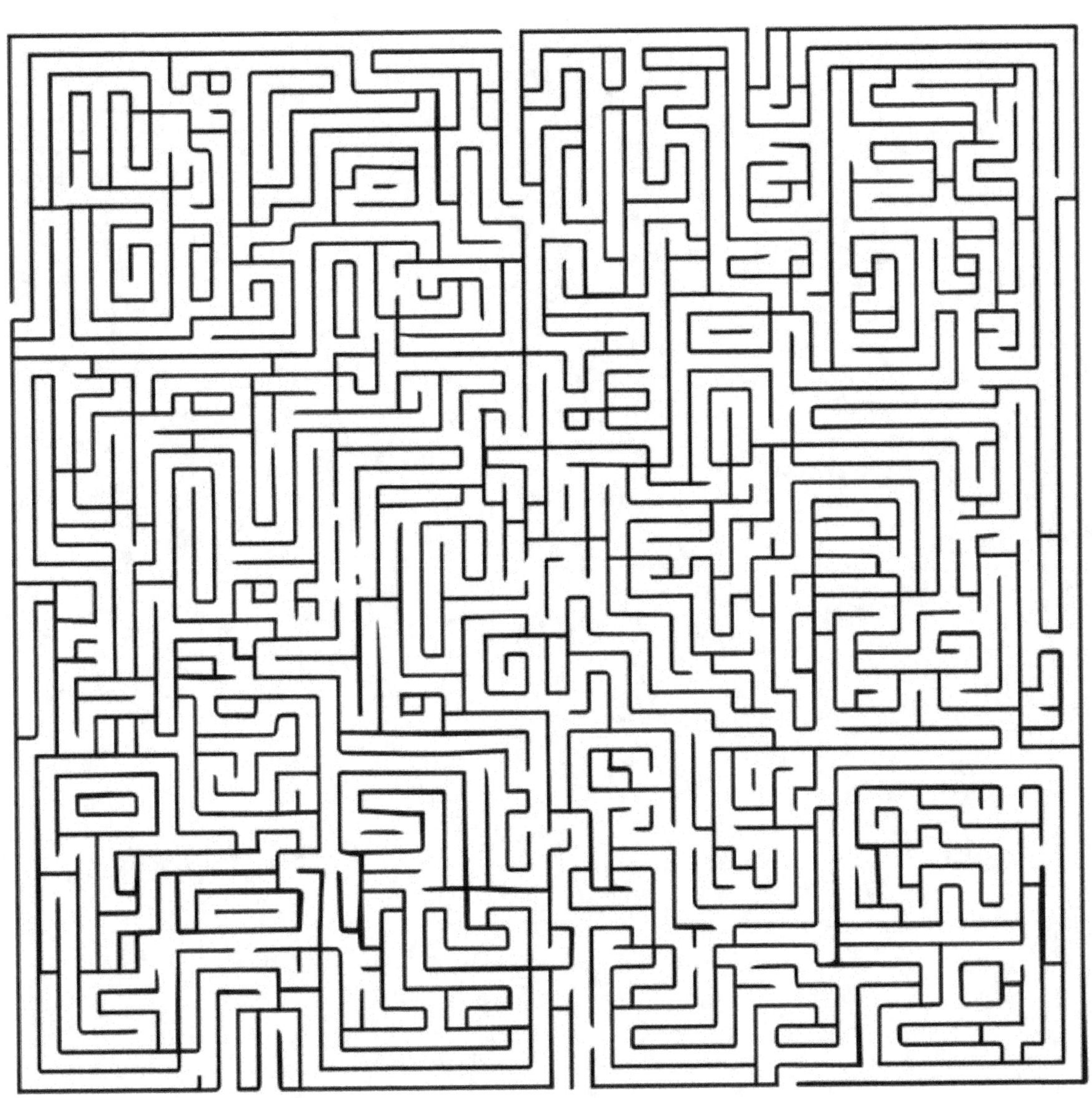

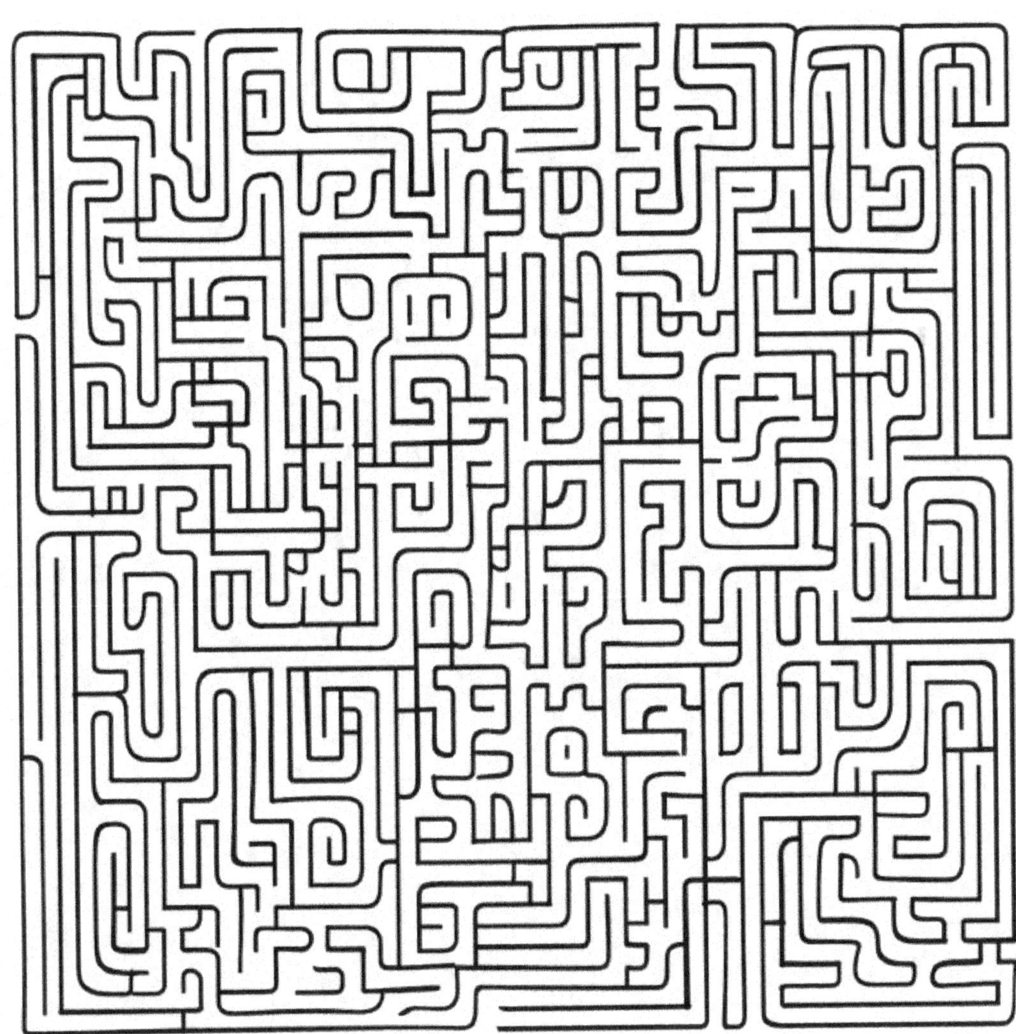

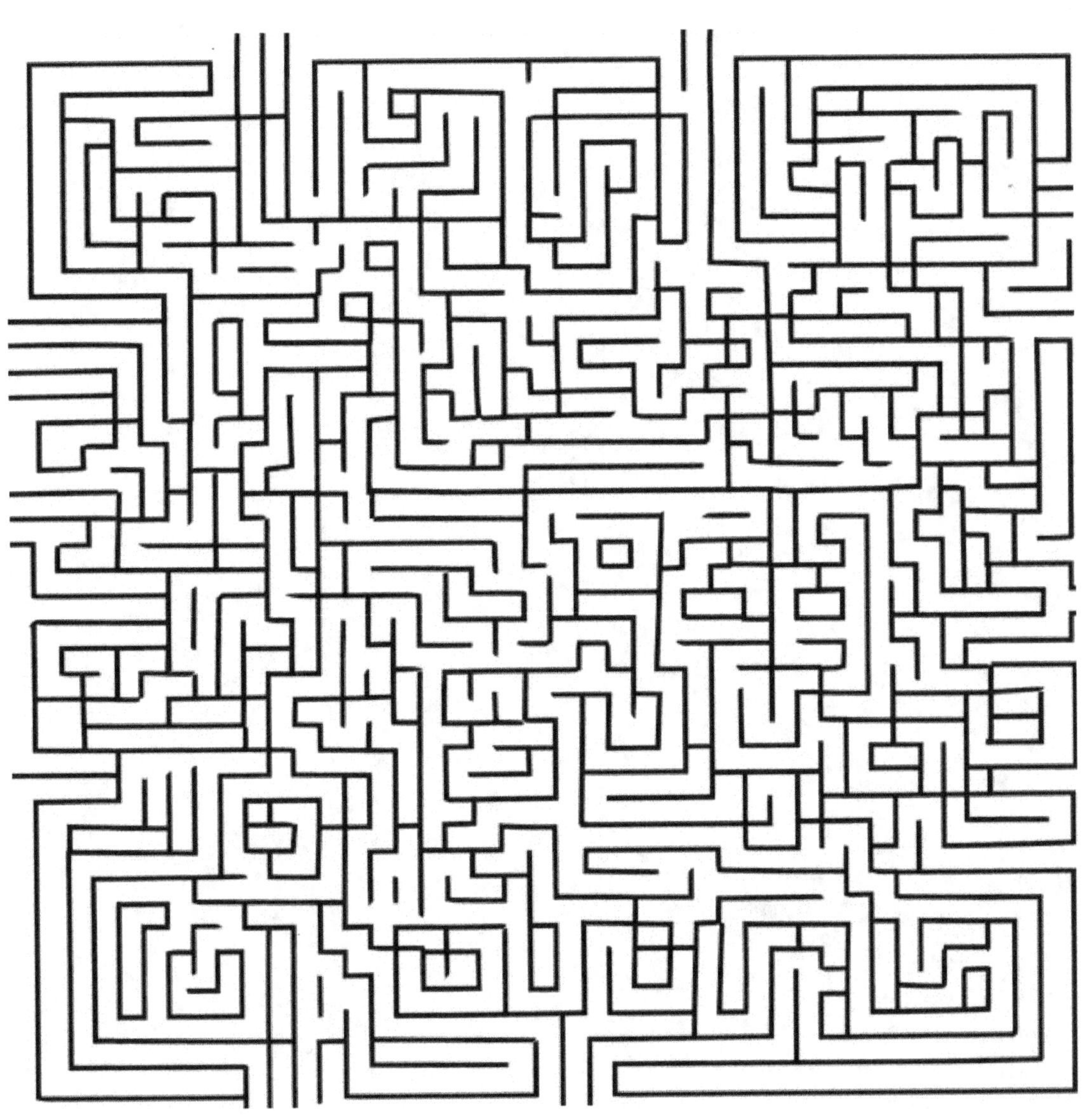

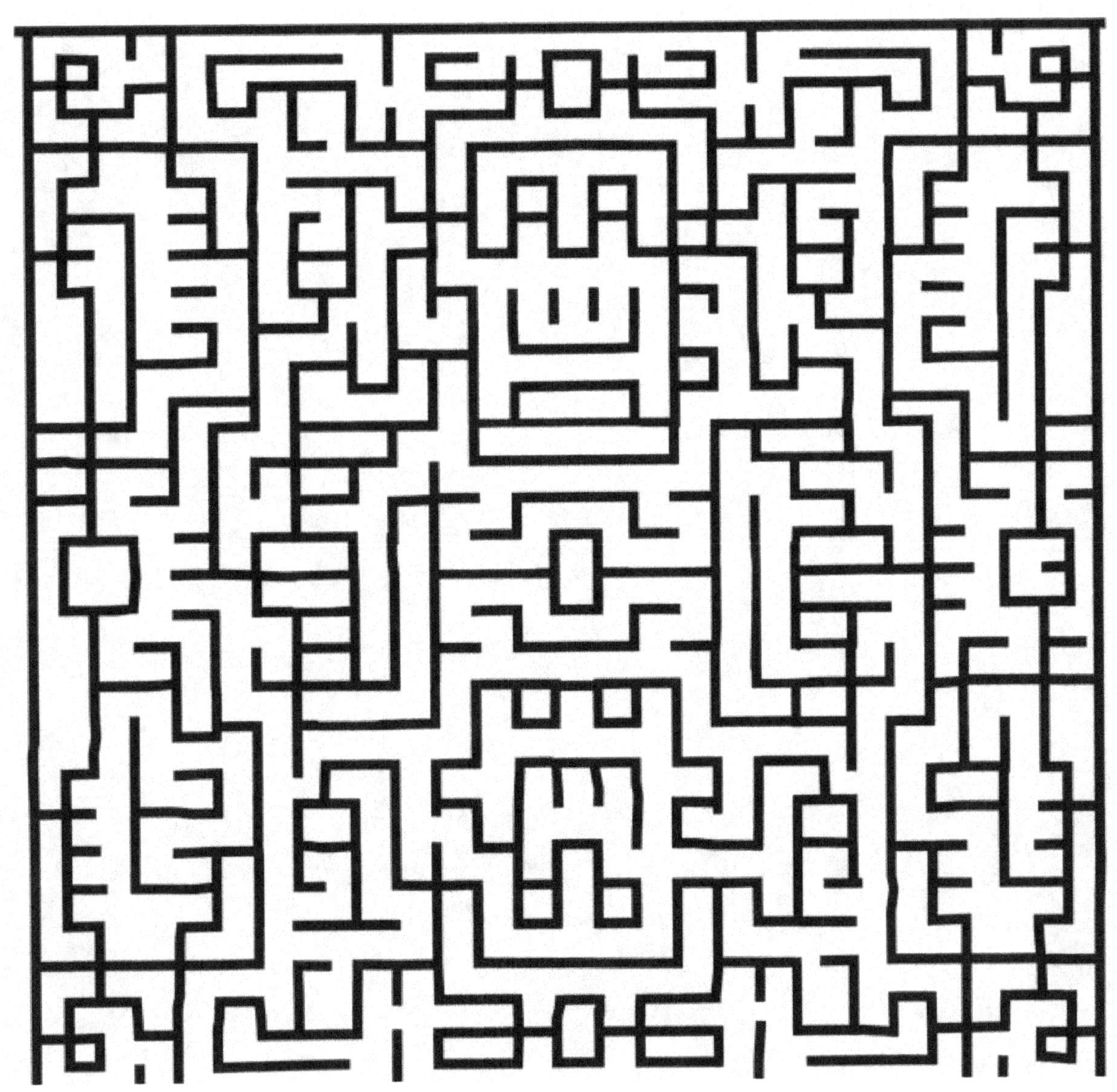

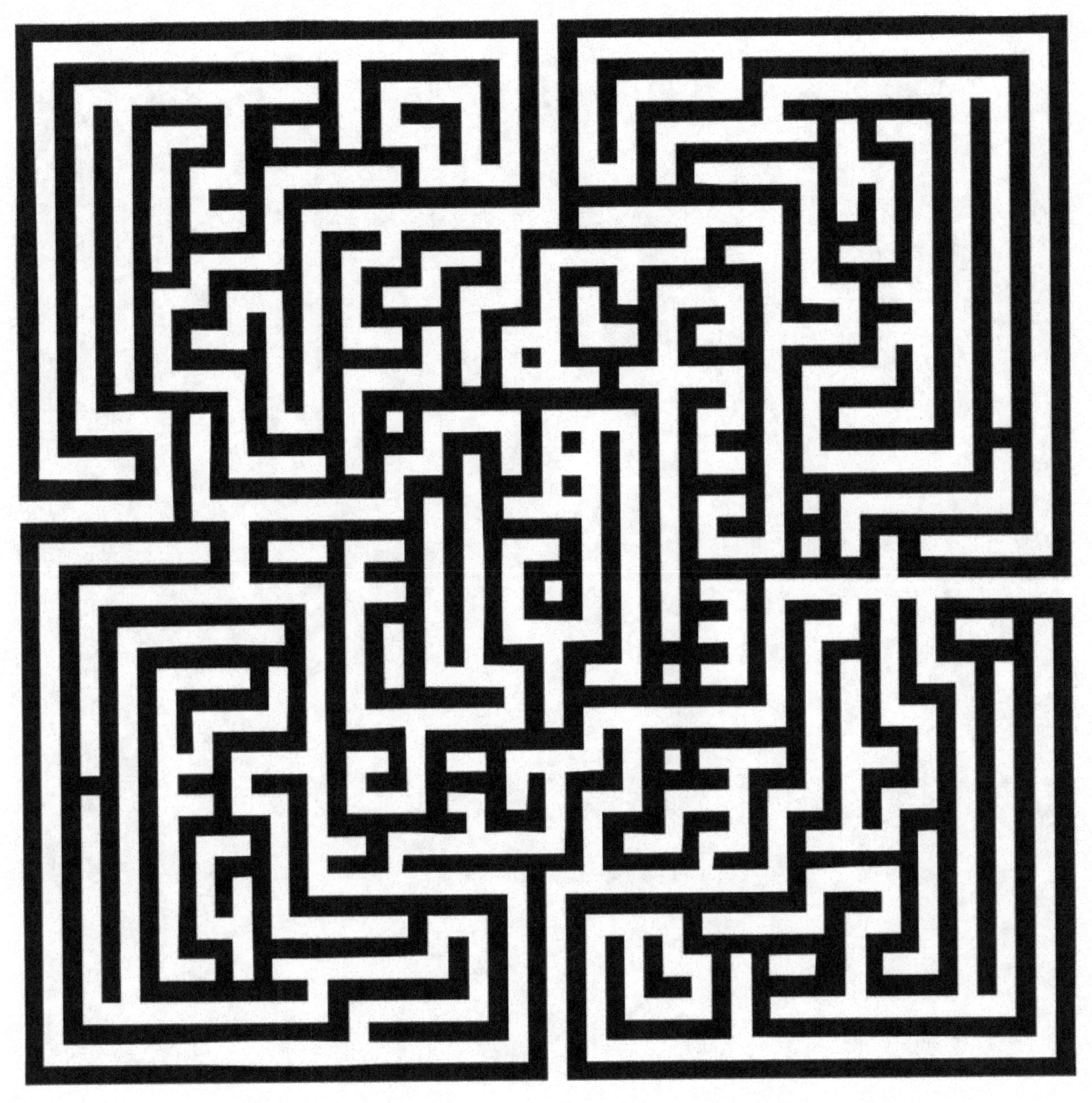

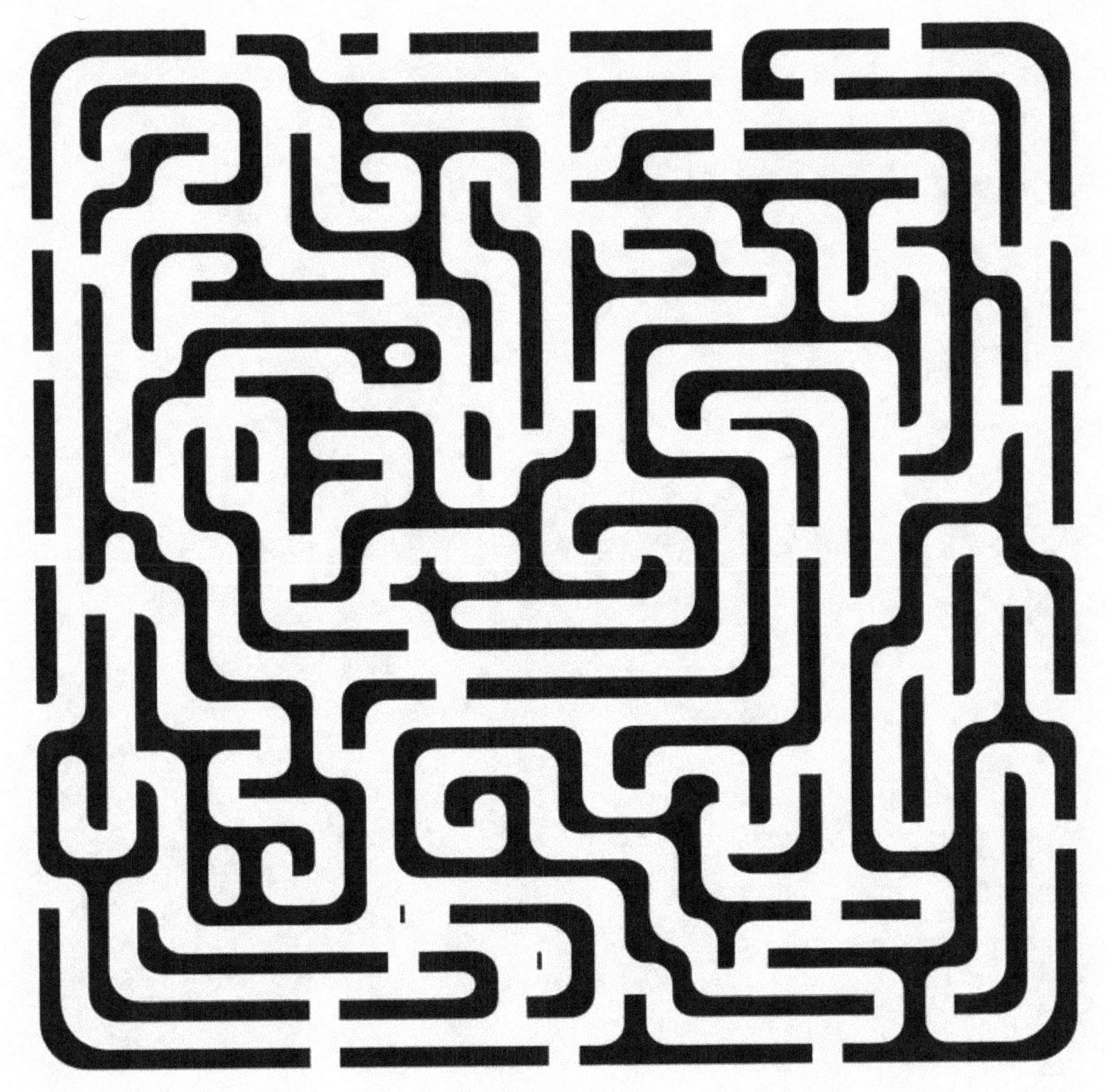

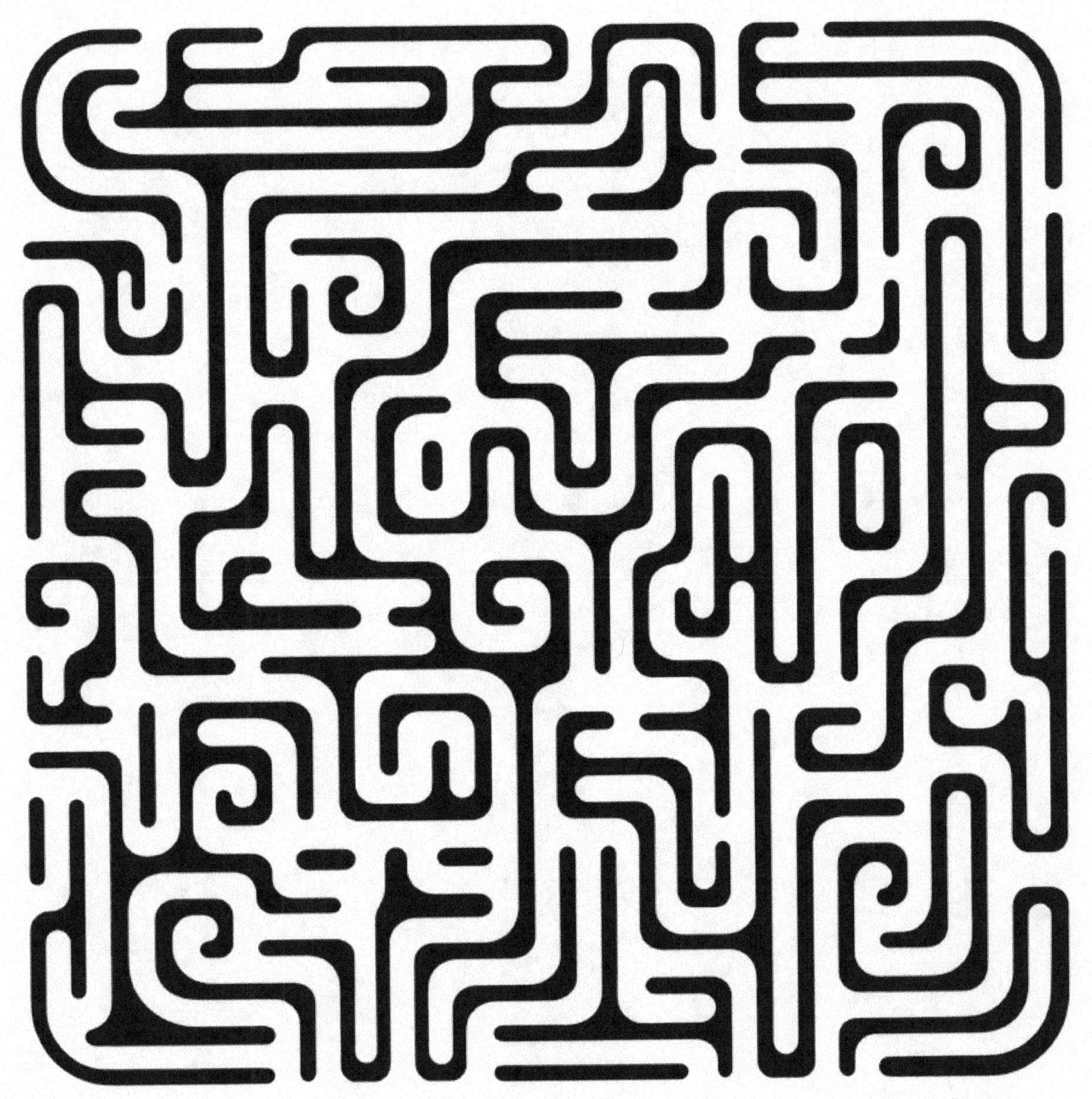